Un día de nuestras vidas

El tiempo

Dawson J. Hunt

Créditos

Dona Herweck Rice, *Gerente de redacción*; Lee Aucoin, *Directora creativa*; Don Tran, *Gerente de diseño y producción*; Sara Johnson, *Editora superior*; Evelyn Garcia, *Editora asociada*; Neri Garcia, *Composición*; Stephanie Reid, *Investigadora de fotos*; Rachelle Cracchiolo, M.A.Ed., *Editora comercial*

Créditos de las imágenes

cover (left) Stuart Monk/Shutterstock, (right) Dave and Les Jacobs/Newscom, (right) Dave and Les Jacobs/Newscom; p.1 (left) Stuart Monk/Shutterstock, (right) Dave and Les Jacobs/Newscom; p.4 (left) Dave and Les Jacobs/Newscom, (right) Stuart Monk/Shutterstock; p.5 (top) Slash331/Shutterstock, (bottom) Shutterstock; p.6 Vanessa Nel/Shutterstock; p.7 Kathy Burns-Millyard/Shutterstock; p.8 Cardaf/Shutterstock; p.9 Kim Karpeles/Alamy; p.12 Spauln/Shutterstock; p.13 Ambient Ideas/Shutterstock; p.14 Anette Linnea Rasmussen/Edyta Pawlowska/Shutterstock; p.15 Sally Scott/Shutterstock; p.16 Monkey Business Images/Shutterstock; p.18 (top) Kinetic Imagery/Shutterstock, (bottom) Trinacria Photo/Shutterstock; p.20 Jaimie Duplass/Shutterstock; p.21 Shadow216/Shutterstock; p.22 Sklep Spozywczy/Stuart Monk/Shutterstock; p.23 ALIX/PHANIE/Photo Researchers, Inc; p.24 J. Helgason/Shutterstock; p.25 Samson Yury/Shutterstock; p.26 lbllama/iStockphoto; p.27 Dragon Fang/Shutterstock; p.28 (top) Slash331/Shutterstock, (bottom) Randall Stevens/Shutterstock

Teacher Created Materials

5301 Oceanus Drive
Huntington Beach, CA 92649-1030
http://www.tcmpub.com

ISBN 978-1-4333-2732-2
©2011 Teacher Created Materials, Inc.
Printed in China

Tabla de contenido

A la distancia

Tia y Rod son primos. Tia vive en la Ciudad de México. Rod vive cerca de Chicago.

Algunas partes del día son iguales para ellos. Otras partes son diferentes.

Las personas usan 2 clases de **relojes** para saber la **hora**. El reloj azul tiene 2 manecillas. La manecilla más corta dice la hora. La manecilla más larga dice los minutos. Este reloj muestra que son las 6.

Los números del reloj verde dicen la hora y los minutos. Este reloj muestra que son las 6.

Antes de la escuela

La mamá de Rod lo despierta.
Él se viste. Come un poco de
cereal y bebe un vaso de jugo.

El papá de Tia la despierta.
Entonces, ella come pan con
mantequilla de maní.

Exploremos las matemáticas

Rod desayuna a las
6:30. Tia lo hace 30
minutos después.
¿A qué hora
desayuna Tia?

Rod toma el autobús a la escuela.
Las clases empiezan a las 7:30.

Tia camina a la escuela. Ella llega justo a tiempo. Las clases comienzan a las 8:00.

En la escuela

La primera clase de Tia y Rod es la de lectura. Rod lee un libro sobre las abejas.

Tia lee un libro sobre las ranas.
A los dos les gusta leer.

Exploremos las matemáticas

Mira el reloj rojo. Una hora tiene 60 minutos. Una hora puede ser **dividida** en 2 partes iguales. Cada una de estas partes está formada por 30 minutos.

Mira el reloj azul. El minutero está en la mitad del reloj. Esta hora se lee como "las siete y media."

   a. ¿Qué hora es en el reloj anaranjado?

   b. ¿Qué hora es en el reloj verde?

En la clase de matemáticas, Rod aprende a **sumar**.

Tia aprende a **restar**. Los dos
tendrán tarea de matemáticas.

$$6 - 3 = 3$$
$$5 - 3 = 2$$
$$7 - 2 = 5$$
$$8 - 4 = 4$$

Rod y Tia trabajan duro hasta la hora del almuerzo. Rod juega al **fútbol** con sus amigos. Luego los estudiantes regresan a clase.

Después del almuerzo, Tia juega a la rayuela con sus amigos.

Rod tiene clase de arte y música.
Su última clase del día es gimnasia.

Los días de escuela son más cortos en la Ciudad de México. Tia camina a casa con sus amigos.

Tia sale de la escuela a las 2:00. Rod sale 30 minutos más tarde. ¿Qué reloj muestra la hora en que Rod sale de la escuela?

A.

B.

C.

D.

Después de la escuela

Rod come pan tostado con mantequilla de maní después de la escuela. Luego practica su flauta.

Tia come barritas de queso como un bocado después de la escuela. Luego tiene práctica de fútbol.

Tia y Rod comienzan sus prácticas a las 4:30.

a. La clase de flauta de Rod dura 1 media hora. ¿Cuántos minutos son?

b. La práctica de fútbol de Tia dura 1 hora. ¿Cuántos minutos son?

Al final del día

Para la cena, Rod come arroz con camarones. Habla con su familia sobre su clase de arte.

Tia come pollo y arroz para la cena. Ella habla sobre ¡el **gol** que realizó durante la práctica de fútbol!

Tia y Rod hablan por teléfono.
Tia habla en inglés. Rod habla en
español. Practican hablando un
nuevo idioma.

¡Los dos hablan su nuevo idioma mejor cada día!

Exploremos las matemáticas

Este reloj muestra la hora en que Rod y Tia terminaron su conversación. ¿Qué hora es?

Luego Tia y Rod hacen la tarea de matemáticas. Rod trabaja en la mesa del comedor.

Tia trabaja en un escritorio. Los dos trabajan por una media hora.

Este reloj muestra la hora en que Tia y Rod terminan de hacer la tarea. ¿Qué hora es?

Ambos terminan el día de la misma manera. Es probable que lean en la cama hasta quedarse dormidos.

O hasta que sus mamás les digan:

—¡Es hora de apagar la luz!—

Hallemos la hora

Cuando Mina termina la tarea, su mamá la lleva al parque con sus amigos. Va al parque a las 4:00. Regresa a su casa 2 horas después. ¿A qué hora llega a su casa?

¡Resuélvelo!

Sigue estos pasos para resolver el problema.

Paso 1: Dibuja un reloj.

Paso 2: Dibuja manecillas que indiquen las 4.

Paso 3: Suma 1 hora.

Paso 4: Suma 1 hora más.

Paso 5: Escribe la nueva hora.

Glosario

dividido—cuando algo se separa en partes

fútbol—juego en el que los equipos tratan de meter un balón en una red para marcar un gol

gol—tanto que se anota en el fútbol cuando se patea el balón dentro de la red

hora—hora y minutos exactos de un día que puedes ver en un reloj

reloj—elemento que se utiliza para medir el tiempo

restar—hallar la diferencia entre 2 números

sumar—unir 2 o más números para obtener 1 número que se llama total

Índice

Exploremos las matemáticas

Página 7:
A las 7

Página 11:
a. 8:30
b. 9:30

Página 17:
El reloj C

Página 19:
a. 30 minutos
b. 60 minutos

Página 23:
Las 7:00

Página 25:
Las 7:30

Resuelve el problema

Mina llega a las 6:00.